AF220018

Gabrielle C. J. Couillez

Der Flug des Nachtfalters

Erzählung

Impressum

Bibliografische Information der Deutschen
Nationalbibliothek:
Die Deutsche Nationalbibliothek verzeichnet diese
Publikation in der Deutschen Nationalbibliografie;
detaillierte bibliografische Daten sind im Internet über
http://dnb.dnb.de abrufbar.

© 2022 Gabrielle C. J. Couillez, 66978 Leimen

Herstellung und Verlag: BoD – Books on Demand,
Norderstedt

ISBN: 978-3-7562-3717-3

MIX
Papier aus verantwortungsvollen Quellen
Paper from responsible sources
FSC® C105338
FSC
www.fsc.org

Prolog

Dies ist die Geschichte über die frappierenden Ereignisse in meiner Jugend, die mein gesamtes Leben prägten und mich beinahe zu Tode brachten. Ich bin Ricardo Rojas Correa, was unter diesen Umständen natürlich nicht mein richtiger Name ist. Aber in der Realität bin ich in einer kleinen Stadt in Kolumbien geboren, die auf der Karte unseres Landes nicht verzeichnet ist. Darum bin ich in Bacatá, einem Bezirk von Bogotá, registriert worden – einer südamerikanischen Weltstadt, die damals jedoch noch in einer rustikalen Zeit feststeckte, keine Kanalisation und nur wenige gepflasterte Straßen hatte. Deren Namen erinnerten in meiner Kindheit noch immer an die Kolonialzeit, in der Pferde und Kutschen auf ihnen fuhren und die Fußgänger beim Gehen versuchten, nicht in die allerorten liegenden und auf die Straße geschütteten, stinkenden Exkremente zu treten. Inzwischen fuhren zwar Autos auf den Straßen, aber diese ekelerregenden Auswürfe säumten die schlammigen Wege nach wie vor. Stets waren sie von Fliegen bedeckt, welche, wo immer sie verweilten, ihre Umgebung mit schweren Krankheiten verseuchten. Und gleichgültig wohin man ging, waren die Menschen genau wie die Vierbeiner, die nicht progressiv dachten, sondern nur nach dem Instinkt handelten und sich dementsprechend rücksichts- und schamlos in aller Öffentlichkeit verhielten.

Über all dem thronte die mächtige und prachtvolle Kathedrale, deren Glocken, antike Überbleibsel aus Bronze, hunderte von Jahren alt, den baldigen Beginn der Messe bekanntgaben: ton ton ton, tan tan tan, ton ton ton... . Sie wiederholten sich ständig, um die Menschen in der Stadt für sich zu gewinnen. Ich erinnere mich auf subtile Weise, dass ich unter dem katholischen Ritual getauft und erzogen wurde, wovon ich mich später in meiner Jugend, einer Zeit großer persönlicher Konflikte, getrennt habe. Denn der Glauben an ummantelnde Ideen inmitten einer sozialen und ökonomischen Krise, welche unsere gesamte Region umfasst hatte, vermochte mir nichts zu geben.
Irgendwann hörten die Glocken auf zu läuten. Im Geiste gehe ich nun durch die

Straßen meiner Kindheit und das intensive Treiben der Menschen lenkt mich ab von meinen Gedanken, die zu dieser Zeit noch leicht und unbeschwert hinter meiner Stirn flossen und meine Sehnsüchte in Träume verwandelten. Träume, die sich im Laufe meines Erwachsenwerdens sämtlich zerschlugen und in Albträume wendeten. Heute, als Mann in den besten Jahren, schaue ich wieder leichter mit meiner dunkelbraunen Iris durch die Fenster meiner Augen, an welchen die Geschichte meiner Jugend vorbeigezogen ist.

Ich sehe abermals die Omnibusse vor mir, sehr traditionell geschmückte, betagte Vehikel, die aus einer anderen Zeit übriggeblieben schienen, wenn man sie mit den modernen Transportsystemen der europäischen Länder verglich, in denen weniger innerstädtischer Verkehr als bei uns herrschte. Diese Busse waren aber die Hauptverkehrsmittel der Durchschnittsbevölkerung und transportierten Passagiere mit Kartons, welche ihre Koffer ersetzten; Personen, die alles Mögliche an Straßenecken feilboten, während meine Eltern und wir beiden Brüder uns um unsere Taschen kümmerten, damit sie nicht von einem unbekannten "Freund" geleert wurden. Dies waren und sind noch heute alltägliche Szenarien, welche eine Realität reflektieren, die stets voll ist von korrupten Politikern, die wie die Ratten an der Wirtschaft unserer Nation nagen. Anstelle mit Fortschritt füttern sie seit jeher die Menschen mit Verfassungsreformen, welche in Wahrheit nicht den Willen des Volkes erfüllen, das nach Gerechtigkeit dürstet. Aber leider haben sich die damals im Machtkampf überlebenden Volksvertreter verkrümelt, die in teuflischer Freude die eigens für sie geschaffenen, lohnenden Regierungsposten besetzten. Sie waren wie dunkle Schatten, die von Beginn an alles Wertvolle Kolumbiens für ein paar Münzen verhökerten.

Sie kamen und verschrieben mit Blut das Schicksal des Landes dem pulvrigen, weißen Tod, dem Kokain. So verspotteten sie die Spuren unserer untergegangenen reichen Kultur, und die ersten Schritte einiger, die erst am Anfang einer vielversprechenden Zukunft standen und die für andere bereits viel zu früh endete. Für jene ist dies mein Resümee, mit dem ich mit wenigen Worten versuche, die Essenz der Hälfte meines bisherigen Lebens aufzudecken: Die Leiden und die ständigen Kriege, die aufgrund des unmenschlichen egoistischen Wunsches von einigen Wenigen so geschehen mussten. Sie haben damit den Namen unseres Landes in so manchen Breiten getrübt, wo man global zwar nicht an den Problemen unseres Volkes Anteil nahm, es aber indirekt durch Schweigen verurteilte und unsere Entehrung durch den Konsum bestimmter Erzeugnisse, welche die Psyche verändernde Halluzinationen erzeugen, sponserte.

Aber ein jeder Mensch ist für sein eigenes Glück verantwortlich.

Dies ist meine Geschichte. Die Geschichte eines Mannes, der in den Tagen, als er noch sehr jung war, viele Fehler begangen hatte. Heute weiß ich die Lehren des Lebens besser zu meistern und ich beginne, die letzte Erfahrung, welche eine Narbe in meinem Leben hinterlassen hat, zu glätten und wie ein Falter zum Flug anzusetzen, indem ich zunehmend meine zarten Flügel ausbreite und mit sich steigernder Energie flattere, um mich aus der Dunkelheit der Nacht ins Licht zu erheben.

Kapitel eins

Inmitten von Geld aufzuwachsen, ist wirklich keine Schwierigkeit. Es ist allerdings schauderhaft im Zentrum einer Gesellschaft zu leben, die sich zur "*Sociedad traqueta*" – zur rauschenden Gesellschaft erklärt hat. Dies war die Bezeichnung für all diejenigen, die uns Heranwachsenden ihre Versprechungen glauben machten und uns gebrauchten, um unter den verlogenen Parametern von Qualitätsstandards eines protzigen Daseins ohne Wahrung der früheren Werte und Grundsätze zu leben.

Unsere indianischen Vorfahren waren auf diese Werte noch stolz und verteidigten sie im Kampf gegen die Spanier, als diese landeten, um sich ein Dorf nach dem anderen sowie die sogenannten primitiven Stämme unter dem Einsatz von Barbarei untertan zu machen. Hierbei wurde das Chaos in eine alte Zivilisation gebracht, die noch besser im Kontakt mit der Natur stand, bevor Neid und Gier unsere Ebenen und Berge überschwemmten und alles zerstörten, was sich ihnen in den Weg stellte.

In der Zeit meiner Generation war es das Ziel aller Jugendlichen aus der Misere ihrer heruntergekommen Viertel endlich auszubrechen. Wir träumten vom Erreichen eines überragenden finanziellen Erfolgs, mit dem wir unsere Herkunft kaschieren wollten. Unsere Gier nach einem höheren Lebensstandard war groß. Doch ein solcher Erfolg wäre einem Wunder gleichgekommen, denn dieser war doch nur exklusiv für einige Auserwählte, die scheinbar zufällig zur Elite gehörten und somit ein Leben angefüllt mit Luxus und Geld führen konnten – genug, um es im wahrsten Sinne des Wortes aus dem Fenster zu werfen.

Allerdings ist die "*Sociedad traqueta*" nichts anderes als der Müll einer Welt voller Drogenhandel und illegaler Substanzen, dessen Wachstum und Expansion die wechselnden Regierungen erlaubten, um nicht dagegen ankämpfen zu müssen. So wurde die Wurzel der Problematik nicht abgetötet, die sich nach und nach durch die Kinder und Jugendlichen bohrte, welche in einer falschen aber florierenden Welt aufwuchsen. Aus einem Funkenflug entstand in der Folge ein Krieg brutalster Gewalt in unseren Straßen, die von so viel Blut überschwemmt wurden, dass unsere Identifikationskarten für die übrige Welt mit einem dauerhaft stigmatisierenden Stempel gebrandmarkt wurden.

In den Großstädten unseres Landes und im ganzen Immobiliensektor begannen die Häuser einen neuen Wert zu erhalten. Meine Familie wohnte inzwischen in einem eigenen Haus in Cali, wo wir auch eine Wohnung vermieteten. Die Immobilienpreise schossen in die Höhe. So kostete, zum Vergleich, ein Stück Land mit einem Haus in den 80er Jahren 500.000 Pesos. Wenig später wurde es dann für 3 bis 5 Millionen angeboten und zum heutigen Tag würde das gleiche Grundstück mit 600 Milliarden Pesos verkauft werden. Dieses Phänomen trat unter anderem deshalb auf, weil die „Narcotraficantes" – die Drogenhändler Land kauften, um ihr Geld zu waschen. Und der Preis spielte keine Rolle. Die dann später darauf gebauten Immobilien boten dazu größtmöglichen Luxus und dies über dem Wert des Grundstücks wie auch dem Sektor, wo die neuen Wohnungen gebaut wurden. Diese wurden schließlich über-

teuert verkauft, bis die Nachbarn an-
fingen, die Preise ihres Besitzes ebenfalls
zu erhöhen, denn die meisten Leute begannen das Märchen vom Luxus auch für
sich selbst zu glauben.

Unser Volk feiert bekanntlich gerne und
Leute mit Geld standen und stehen wie
überall auf der Welt auch noch heute stets
in hohem Ansehen. Wenn es zu dieser Zeit
in Kolumbien Gesellschaften und Feste
gab, wussten die meisten Anwesenden,
dass die Gäste Drogendealer waren, aber
alle hielten den Mund, weil es eine Ehre
war, reiche Leute als Gäste zu haben. Sie
gaben ihren Gastgebern Geld, um ihr
Schweigen zu erkaufen und die Droge
wurde in gewissen Kreisen ohne Einwände
geduldet.

Ich erinnere mich gut an die Zeit gegen
Ende der Achtziger, als ich siebzehn Jahre
alt war und Pablo Escobar, *el Capo, el
Patrón* – wie er in unserem Land genannt
wurde, als Politiker in der Abgeordneten-
kammer saß. Er war ein Publicity-Profi
und anerkannter Prominenter in unseren
einheimischen Unterhaltungsmedien und
er wusste, die Menschen für sich einzu-
nehmen. Er ging mit einer ehemaligen
Schönheitskönigin aus, während seine

Frau und seine Kinder zu Hause waren und inmitten von fantastischem Luxus lebten. Ihr Heim war wie aus dem Film. Die Krönung war ein eigener privater Zoo, wo es Nilpferde und Tiere aus Afrika gab, einzig zum Gefallen von El Capo, der dort umgeben von Politikern und illustren Persönlichkeiten der Welt lebte, die sich mit der Nähe zu ihm brüsteten. Sie wollten stets ein Foto von sich in Umarmung mit dem Millionär, dem Herrn, der aus dem Nichts aufstieg – und niemand fragte nach den Gründen für seinen Reichtum. Vorausgesetzt natürlich, er würde ihnen im Verborgenen ein wenig Geld "spenden", um ihnen zu helfen, ihr eigenes Leben voller Exzesse und Orgien zu pflegen und im pittoresken Luxus auf den Plantagen von Kaffee und Zuckerrohr wie in den alten Zeiten zu wohnen.

Kapitel zwei

Ich erinnere mich, dass es in der Highschool einen neuen Kameraden gab, der aus Medellín gekommen war. Schnell wurde mir klar, dass er meine anderen Kameraden mit Unmengen von den Produkten belieferte, die sie glaubten zu benötigen. Er schleppte Berge von Kokain mit sich in seinem Schulkoffer, das für den Weiterverkauf vorgesehen war, um mit der gleichen Strategie den Jüngeren zu zeigen, wie man sie losschicken und leichte Beute machen kann. Es war wirklich sehr dumm von mir, mich mitten unter den Wölfen aufzuhalten und noch immer nicht verstanden zu haben, dass all dies passierte, weil ich in meinem Innern voll von meinen eigenen Ängsten war. Dies folgt normalerweise aus einer Erziehung, in der Eltern ihre Kinder zum einen überbehüten, zum anderen aber emotional alleine lassen, indem sie sie für Kleinigkeiten übertrieben bestrafen und brutal misshandeln – ohne zu sehen, dass vor ihnen kleine Wesen stehen, die hilflos sind, wenn sie zunehmender großer Gefahr in ihrem eigenen Zuhause ausgesetzt werden. Die Drogen und der Alkohol boten mir bald eine willkommene Zuflucht. Es war besser in einer imaginären Welt voller Phantasien zu leben, als durch genaue Kenntnis desillusioniert zu sein. Zu glauben, dass man stark ist, scheint ein erstrebenswertes Ziel, wenn man in Wahrheit eine sehr fragile Persönlichkeit hat, die ständig durch den Mangel an Familienliebe gebrochen wird. Wenn es an echten Freunden fehlt und noch mehr an einem gangbaren Weg, ist man in Gefahr auf die Verlockungen der Drogen hereinzufallen. Ich bedauere, so viel Zeit verloren und Geld für unnötige Bedürfnisse ausgegeben zu haben, denn ich hatte Gelegenheiten gehabt, aus diesem Traum, der eigentlich ein Albtraum war, aufzuwachen. Aber ich war durch den Drogenrausch in mir so gefangen und verwirrt, dass ich die guten Momente nicht erkennen konnte, sonst wäre ich heute vielleicht jemand anderer.

Während der Versuche meinen Weg auf diese betäubte Weise fortzusetzen, musste ich mir eingestehen, dass mein folgendes Schicksal mir eigentlich nicht viele gute Chancen bot, um mich aus der Masse zu

erheben. Ich war immer durch den über-
mäßig hoffärtigen Dünkel meiner Mutter
und die alkoholische Kälte meines Vaters
in einer Welt des äußeren Scheins gefangen und sie sagten mir buchstäblich, dass
sie mir – im Gegensatz zu meinem älteren
Bruder – weder die Einschreibung in einer
Universität noch ein Studium bezahlen
würden. Dem muss ich hinzufügen, dass
ich trotz meines Alters als Heranwach-
sender die Stadt nicht kannte, denn mein
Bruder und ich durften das Haus und das
Viertel aufgrund des Gebotes unserer
ängstlichen Mutter nicht verlassen. Für
alles musste ich um Erlaubnis fragen, vom
Öffnen des Kühlschrankes bis zum Sitzen
auf den Bänken im Vorgarten. Alles
musste in erster Linie durch sie über-
wacht werden. Ich bezweifle, dass sie den
Titel "Mutter" verdient für die gewalttäti-
gen Aktionen, die sie immer gegen uns
Kinder richtete. Denn nach ihrer Meinung
waren wir Rebellen, da weder Stock noch
Peitsche uns so erzogen, wie es ihr gefiel.
Vielleicht waren diese Fehler der elter-
lichen Vorbilder und "Helden", zu welchen
man als Kind aufblickt, die Gründe, die
mich dazu gebracht hatten, für mehrere
Jahre Zuflucht in Alkohol und Drogen zu

suchen. Doch ich will meinen Konsum damit nicht entschuldigen.

Ohne es zu merken, bog ich langsam in eine Straße ohne Wiederkehr ein. In diesem Land und in diesen Tagen meiner Jugend war es sehr leicht an Drogen zu kommen. Eine Tüte Marihuana für fünfunddreißig Zigaretten kostete 2.500 Pesos, also etwa ein US-Dollar – nicht mehr. Und ein Gramm Kokain das gleiche. Ich weiß nicht, wie die Preise heutzutage sind, aber ich bin mir sicher, dass es noch immer sehr leicht in Kolumbien zu bekommen ist. Denn deshalb reisen viele Europäer in unser Land, wo man für zwanzig US-Dollar ohne Probleme high werden kann, während sie in ihrer Heimat schon mehr als ungefähr hundert Euro für geringe Mengen zahlen müssen. So jedenfalls erfuhr ich es 2014 aus einem Dokumentarfilm, in dem man diese Situation in den Ländern auf der anderen Seite des Atlantiks schilderte.

Für mich war es wirklich einfach, diese Welt zu betreten. Seit der Schulzeit war ich von Kameraden umgeben, die mitten im Klassenzimmer Kokain schnupften. Da meine Eltern sich nicht darum kümmerten, mich für eine Hochschule von gutem

Ruf zu immatrikulieren, beendete ich mein Studium auf Partys – einer Stätte, wo all jene, die nicht von einer anderen Institution aufgefangen wurden, endeten, da dort die Türen stets für jeden geöffnet waren. Es war schon immer wichtig, dass Kinder und Jugendliche eine Bildung von guter Qualität erhalten und nicht dort studieren, wo nur Quantität geboten wird. An dieser Tatsache hat sich nichts geändert. So wuchs ich in einer falschen Wirklichkeit auf, wo Grobheit das tägliche Brot war, wo Waffen und Kämpfe die Welt bestimmten, die meine Augen wahrnahmen. Es schien, dass das Leben mir eher die Niedertracht der Gesellschaft zeigen wollte, als mich eine bessere Welt sehen zu lassen – eine, in der dir deine Eltern bedingungslose Unterstützung leisten. Eine Welt, wo man sich um den Tisch versammelt, um zu essen und über die täglichen Errungenschaften und das Schöne in der Familie zu sprechen – und nicht, um zu streiten und ständig in negativer Weise kritisiert zu werden. Ich wuchs auf ohne Helden, ohne Träume und ohne Wünsche für eine bessere Zukunft. Ich wusste nicht, wie es sich anfühlt, in ein Kino zu gehen und den Film zu sehen, der auf der Plakatwand angeschlagen war, denn

meiner Mutter war es unangenehm dort-
hin zu gehen, wo es Gedränge gab und sie
in einer Warteschlange stehen musste.

Mit der Zeit verstand ich, dass es Menschen gibt, die sich nicht mit anderen
sozialisieren können und die uns, wie
meine Eltern, nur den Weg zeigen können,
den wiederum ihre Eltern sie geführt hatten. Ich wusste jedoch, dass ich diesen
Rahmen zu sprengen hatte, wenn ich ein
anderes Leben wollte. Und ungestüm versuchte ich, diese Welt zu verlassen, die
mir nicht gefiel, und sank dabei voller
Melancholie und Tränen des Selbstmit-
leids hinab in diese illusionäre Unterwelt,
statt die Freude in mir selbst, in meiner
Seele zu suchen.

Ich bin ohne den Wunsch nach einer
eigenen Familie aufgewachsen. Es war mir
gleichgültig, ob ich einmal ein Haus oder
Rente haben würde. Ich bin richtungslos
aufgewachsen, ohne den Wunsch, etwas
entdecken oder mir selbst aufbauen zu
wollen. Aber wie sollte ich auch beweisen,
dass ich auf eigene Faust studieren und
während des Tages arbeiten konnte, ohne
die Richtung meines Weges aus den Augen
zu verlieren? Ständig bekifft und besoffen

wie ich war, bemerkte ich die Abgründe nicht, die mich erwarteten, um mich beim geringsten Fehler, bei jedem Schritt, den ich nahm, zu verschlingen. Schließlich waren die Persönlichkeiten und Vorbilder, die in diesen Tagen am meisten Anklang in der Gesellschaft fanden, die berühmten Verbrecher und Drogendealer, die wie Könige im Luxus lebten – mit wunderschönen Frauen, Models und bekannten Schauspielerinnen, die sie für eine Viertelstunde verwöhnten, als wären sie die Meister des Universums.

Kapitel drei

Während dieser Epoche war ich ein gewöhnlicher Jugendlicher, der gerade in die Armee eingetreten war. Damals wurden noch Kinder im Alter von sechzehn und siebzehn Jahren eingezogen und für den Kampf mit Munition bewaffnet, die Jahre später wegen ihrer Gefährlichkeit von den Menschenrechtsorganisationen verboten wurde. Das Ausland wachte schließlich über unsere militärischen Kräfte und nutzte jede Gelegenheit zur Kritik. Darum wurde oft gemunkelt, es wären gerade diejenigen, die ein "zweites Gehalt" hätten, welches leider, wie eines unserer Sprichworte sagt, von internationalen Organisationen gesponsert wurde, um die von dunklen Kräften bezahlte Regierung zu attackieren; vor allem von den europäischen Ländern, die glauben, dass der berühmte Krieg in unserem Land für die Gerechtigkeit war und um die Armut der unteren Klassen auszugleichen.

Dieser Krieg würde aber, wie sich später zeigte, einem falschen Diskurs Kraft geben und auf enttäuschende Weise die politischen Korrekturmaßnahmen bei ausgerechnet den Gruppen zum Fruchten bringen, welche außerhalb des Gesetzes standen und begannen, sich Sponsoring auf der internationalen Bühne zu holen. Diese Enttäuschung wurde genährt vom Klang eines angekündigten Friedens, der eher eine Utopie war. Eine große Mehrheit glaubte jedoch den Geschichten in den Medien, weil diese mehr nach Winden Ausschau hielten als nach den drohenden Stürmen, da der Bequemlichkeit derer Rechnung getragen wurde, die ihre Macht halten wollten. Also fütterten die Medien unsere Gesellschaft mit schöngefärbten Meldungen, obwohl unser Volk doch schon seit mehr als fünfzig Jahren durch die weit verbreitete Gewalt sein Blut vergoss. Die Blitze schlugen sodann unerwartet und mit aller Kraft in unseren verschiedenen Regionen ein und wir litten in unseren Städten jetzt unter neuen kriminellen Machenschaften, die ihre Margen erwirtschaften wollten.

In der Armee sammelte ich, obwohl der Jüngste und der Kleinste in der Kompanie, meine ersten Erfahrungen mit dem

Kokainhandel. Sicherlich war es die Unschuld meiner noch vorhandenen Kindlichkeit mit gerade sechzehn Jahren, die die Aufgabe der Verteilung des Stoffes auf mich fallen ließ. Bei dem schwachen Küken und ehemaligen Klassenclown würden die Offiziere das Geschäft sicherlich am wenigsten vermuten. Und so war es auch. Ich selbst machte mir ebenso keine Gedanken über meine Aufgabe, das weiße Pulver in meiner Militärkiste unter die Leute zu bringen, denn der Konsum von Koks war in unserer Gesellschaft ja beinahe selbstverständlich. Außerdem waren die Essensrationen sehr knapp und karg gehalten, sodass ein Zubrot nötig war, zumal ich mich in einem Alter befand, wo man als Teenager anfängt ständig hungrig zu sein. Hinzu kam der Reiz des Verbotenen sowie die Wichtigkeit und Beliebtheit, die meiner Person nun galt. Und ich erledigte meinen Job mit Begeisterung und stets einem Scherz auf den Lippen.

Zu dieser Zeit, während die 90er Jahre anbrachen, schloss sich mein Bruder einer Gruppe an, die Teil des nördlichen Kartells des Valle del Cauca – des Tals des Cauca-Flusses war, eines der mächtigsten Kartelle des Drogenhandels der Stadt Cali, das versuchte das weiße Pulver, das die Ausländer so glücklich machte, zu exportieren. Ich konsumierte es bereits ebenfalls auf unkontrollierte Art und Weise, meist in Kombination mit Marihuana, das ganz in der Nähe unserer Stadt aus der Region von Cauca kam, und einigen Schlucken Whisky, den ich aus der Flaschensammlung in der Hausbar meines Vaters gestohlen hatte. Die Marken, welche ich am meisten mochte, waren die angeblich Schottischen. McGregor war einer meiner Favoriten wegen seines männlichen Geschmacks nach Brennholz, wie ich fand, und der mir suggerierte mich unüberwindbar zu machen.

In der Regel verbrauchte ich bald eine halbe Packung Zigaretten am Tag, mit der ich mich für meinen täglichen Bedarf immer bewaffnete, ein oder zwei Gramm Kokain und drei bis vier Gläsern Whisky. Dies war mein damaliger Lebensinhalt und ich verbrachte meine Tage zusammen mit denen, von denen ich dachte, dass sie meine Freunde wären und die ebenfalls Angehörige von berüchtigten Drogenhändlern waren. Denn der Umgang mit ihnen war schließlich selbstverständlich und man konnte sie überall auf den Familienfesten oder bei Leuten finden, die berühmte Partys im Viertel feierten. Dort konnte man sich gemütlich auf den Stühlen niederlassen und die Zimmer waren leergeräumt, damit die Jungs Platz zum Tanzen hatten. Die Lichter gingen automatisch aus und an oder es wurden effektvoll Farbspots installiert, um dem Ganzen die Atmosphäre einer Diskothek zu geben.

Als ich in der Armee war, um meinen Militärdienst zu leisten, traf ich mich mit der Familie Urdinola, Patino, Fómeque und anderen weniger zu diesem Zeitpunkt bekannten Individuen, die aktive Mitglieder des Kartells von Valle waren. Es war da, als ich feststellte, was das Unterscheidungsmerkmal zwischen den großen Drogenhändlerringen war. Im Valle del Cauca, unserer Region, teilten sich die Zonen der Kartelle in Nord, Süd und Zentrum auf. In Antioquia existierte nur ein Principal und dieser war mächtiger als alle: das Kartell von Medellín. Hier war die Familie der Henao eine der ersten, welche die Entwicklung in Gang brachte, danach die von Rodriguez Orejuela und die vorgenannten. In der anderen Region war Escobar, sein Bruder – genannt "el Osito" – und sein erster Mann, der bis jetzt noch nicht offiziell bekannt ist und den ich auch hier zu meinem eigenen Schutz nicht nennen will, sowie die Ochoas und Lehder, die die ersten waren, welche ein komplett beladenes Flugzeug von den Bahamas aus bis in die Vereinigten Staaten schickten. Und von deren Geschichte machte es mich als Jugendlicher besonders traurig zu erfahren, wie sie ihre Hunde töteten, als die Polizei die Ochoas und Lehder beinahe auf ihrer eigenen Insel gefangen hatte. Denn obwohl die „Narcos" es bei dieser Gelegenheit geschafft hatten zu entkommen, hinterließen sie ihre Spur des Bösen. In einem See in der Nähe ihres Hauses fand man die Tiere, die eingesperrt in ihren Käfigen ertränkt worden waren.

Mein Schicksal schien ziemlich unsicher. Es war ein Skandal, dass ein Jugendlicher von siebzehn Jahren nicht wusste, was er mit seinem Leben anfangen sollte. Als ich dachte einen Kurs zu haben, wurde ich mit der Nachricht konfrontiert, dass meine Eltern mich nicht weiter unterstützen würden und ich sah nur, wie die Nacht begann, um mir Gesellschaft zu leisten. Die Straßen schienen zunehmend ein besserer Ort zu sein. Nicht in mein Elternhaus zurückzukehren war mein größter Wunsch und blieb es bis heute. Es ist traurig, dies zum Ausdruck zu bringen, aber es ist die Realität vor dem Hintergrund von einem Mangel an guten Erinnerungen, die das Bewusstsein meiner Seele nähren würden.

Überall begann man Luxus-Autos zu sehen. Lauter Toyota Land-Cruiser, einige tolle Allrad-Fahrzeuge rollten durch die Straßen unserer großen Städte. Personen mit einem neuen populären Kleidungsstil, "Pintas" genannt, waren die Kings. Sie waren lässig und behängt voller Armbänder und Goldketten, Ringe, Hüte, wie sie von unseren Plantagenbesitzern getragen werden, und Sonnenbrillen. Und in ihren Autos dröhnten die Stereoanlagen in voller Lautstärke, weil dies eines der markantesten Accessoires war, das sie immer mit sich führten, um von allen, die in der Nähe waren, bemerkt zu werden. Sie dachten, diese Äußerlichkeiten beweisen, dass sie Härte – "los duros" erreicht hatten, wie es auf den Straßen hieß. "Los parches" – die Gangs der Jugendlichen sehnten sich immer danach, wie sie zu sein, weil sie Geld für schöne Frauen und gute Autos hatten; weil sie Macht hatten. Dies geschieht, wenn unsere Jungs und unsere Kinder beginnen eine "rauschende

Kultur" zu imitieren, die nichts anderes ist als eine Subkultur, welche versucht die fundamentalen Werte eines guten Lebens in ihr oberflächliches Dasein zu integrieren. Dabei leiden sie allerdings unter der wachsenden Angst vor dem unbrechbaren Gesetz, welches voll des Bösen ist, das sich in den Straßen zusammenbraut. Im Dunkel der Nacht dringt dann die Finsternis in den Geist der Jugend ein, der sich noch um so vieles heller fühlt. Sie lassen sich durch die falsche Reflexion eines Bösen, das sich mit verlockender Erscheinung von Güte und Loyalität verhüllt hat, verführen. Jene seltsame Art und Weise im ständigen Rausch zu leben, schien mir voller Freude und ließ mich nicht bemerken, wie unvermeidbar der viel zu frühe Tod die fröhlich erstaunte Jugend trotz ihrer offen gezeigten Unschuld ständig umgab.

Ohne Argwohn aufzuwachsen, war eine meiner Sünden, weil diese Kraft für die Entwicklung eines Menschen nötig ist, und die sich nicht entwickelt, wenn man lebt ohne wirklich zu leben und seine Erfahrungen zu sammeln. Denn nur wer fühlt, und nicht der seine Gefühle betäubt, lebt. Ich versuchte listiger zu sein als die meisten, jedoch immer unter den Parametern der Ehrlichkeit und Loyalität, die in der Verhandlungskunst nicht viel nützen, wenn Gewinn und nicht Verlust erwartet wird. Während andere, die sich meine Freunde nannten, diesen großen Vorteil, den ich ihnen mit meiner Lebenseinstellung bot, in einem Konkurrenzkampf ausnutzten, war es für mich nicht nur wichtig erfolgreich zu sein, sondern alle diese Eigenschaften zu kombinieren und, ohne jemanden zu verletzen, die Belohnung für einen gut gemachten Job und die Früchte, die daraus gewonnen wurden, zu erhalten. Heute sehe ich, dass diejenigen, die seit ihrer Jugend eine Vision sowie den Widerstand gegen die Versuchung der Drogen hatten, mit sauberem Charakter, voll erhaltener Verstandeskraft und gesunder Psyche ihr Leben durch eine feste Arbeit erfolgreich gemeistert haben. Eine Vision von der Zukunft und ein Ziel für den nächsten Schritt sind die richtige Vorbereitung für den Weg ins Leben als Erwachsener.

Kapitel vier

Sich in den Privathäusern zu treffen um Musik zu hören, war etwas allgemein Übliches. In Begleitung von Spirituosen, die zur freien Verfügung auf dem Tisch standen, Drogen und Frauen suchte man nach Amüsement. Es tut mir noch heute weh, erlebt zu haben und zu wissen, wie einige suspekte "Freunde" dies ausnutzten. Blutjunge Mädchen, die in ihren Augen noch die Zartheit ihrer Kindheit zeigten, wurden von Wölfen im Schafspelz in die Schlafzimmer gelockt und vergewaltigt. Und mit noch größerer Traurigkeit sah ich die Kameradinnen dann später in ihren Uniformen in der Schule. Sie waren noch so klein und lebten dennoch wie erwachsene Frauen mit Erfahrungen, die sie nicht hätten haben dürfen.
Ekel vor dem Leben zu verspüren, war ein Gefühl, das mich darum für eine lange Zeit begleitet hat. Ich entwickelte meine eigenen Schliche, mit denen ich die Lügen der Existenz überspielte. Wo es notwendig wurde, schaute ich weg. Mit Besonnenheit

versteckte ich mich hinter einem eiskalten Blick, während ich nach Vergessen suchte, um mich nicht an das unvorstellbare Leid zu erinnern, das sich durch das nicht Fühlen wollen nur noch steigerte. Doch ich scheiterte am Unvermögen das Spiel der rauschenden Gesellschaft mit ihren Lügen zu ignorieren.

Ein melancholisches Glühwürmchen schwebt bei der Erinnerung an meine Jugend in der Umgebung meiner Gefühle, die überschattet sind vom Sonnenuntergang meiner Wünsche, welche durch die Bedrohung durch die schrecklichen Bomben, die ganz in der Nähe meines Lebens explodierten, ebenfalls frustriert zu Boden fielen. Ausgesetzt den folgenden und gefährlichen Momenten wollte ich nichts mehr über meine Lippen bringen. Ich lebte wie ein Schatten, der sich als Bild in meinen heimlichen Tränen wiederspiegelte, die über meine ständig geschlagenen Wangen liefen und mein Gesicht benetzen. Aber ich wollte auch einen Ausweg hinaus zu dem riesigen leuchtenden Blau finden, von dem ich wusste, dass es ganz tief drinnen in mir noch immer existierte. Doch wegen der magischen Nächte voller Illusionen, war es mir nicht erlaubt zu realisieren, was um mich herum geschah. Ich beobachtete, wie die Zeit während der Theaterszene verging, die meine Wirklichkeit überdeckte, und ich zwangsläufig erwachsen wurde.

Auf dieser Reise durch die Tiefen meiner Vergangenheit kann ich erkennen, dass ich auch heute meine Schritte erneut auf eine neue Gegenwart ausrichten muss. Die Straßen verwandeln sich wieder in ein schimmerndes, schillerndes Band, umgeben von Farbe, die sich mit großer Kraft aus den Bergen ergießt, welche unser schönes Valle del Cauca umgeben. Dieser Landstrich ist eine ebene Region, reich an Zuckerrohr, dessen Wiegen im Wind den charmanten Hüftbewegungen der üppigen Frauen gleicht, die immer umherwandeln, als würden sie über den Laufsteg gehen. Jeder ihrer Schritte zeichnet den Rhythmus des Salsa-Tanzes in die Erde, der heute in der ganzen Welt bekannt ist und dieser Stadt den Namen "Hauptstadt des Salsa" gegeben hat.
Diese intensiven Farben rufen jetzt in mir aber auch wieder den großen Horror an Bomben-Explosionen wach, die unsere Region überzogen hatten, sowohl in Medellín wie in Cali. Aus dem Haus zu

gehen war Ende der 80er, Anfang der 90er fast gleichbedeutend mit nie mehr zurück zu kehren. Es war ein gefährliches Risiko, weshalb man den Gang zur Arbeit, zum Studium oder einfach nur zum Einkauf oftmals verschieben musste. Deshalb spüren wir Kolumbianer den Terror noch in uns. Für mich war es anders, weil ich noch sehr jung war, aber ohne die Hoffnung lange zu leben. Und in diesem Alter und stets berauscht war ich erst recht auf der Suche nach ein wenig Gefahr.

Auf den Partys endete ein Streit so manches Mal mit Waffen und Schießerei. Für Söhne von *Narcotraficantes* – Drogenhändlern, die sich schon daran störten, wenn jemand ihre Freundin nur ansah, war dies Grund genug, um einen Konflikt zu beginnen und mit Gewalt zu beenden. Das Ziehen eines Revolvers oder einer Pistole war nicht ungewöhnlich. Es war Teil des Stolzes der Straßenbanden, die sich bewaffneten, um sich stärker als die anderen zu fühlen. Und diejenigen, die nicht berauscht oder unbewaffnet und nicht gewalttätig waren, galten als Narren, die es ohnehin nicht wert waren, am Leben zu bleiben!

Ich erinnere mich, wie ich mich einmal in einer gefährlichen Situation in einem

Haus im Norden der Stadt befand, wo immer mehrere Gruppen eine Party veranstalteten. So eine Fete war nichts anderes als etwas Musik, Drogen und viel Lärm. Gegen Morgengrauen nahm ich in meinem Rausch wahr, dass meine Clique sich auf den Heimweg machte. Ich wollte jedoch weiterhin bleiben, weil ich hoffte, noch mehr Drogen und Action konsumieren zu können. Aber ich wusste nicht, was mich erwarten sollte.

Kurz danach fand ich mich zurückgelassen und allein inmitten der anderen Dealer-Gruppen, die mich nicht kannten und für die ich ein Fremder war. Ich beschloss ins Haus zu gehen, um mich sicherer zu fühlen, aber drei von ihnen folgten mir, die körperlich viel größer und stärker gebaut waren als ich. Ich schlenderte in die Küche, die in der Mitte des Hauses zwischen dem Wohnzimmer und dem Korridor lag, der zu den Zimmern und in den Garten führte. Dort beleuchtete mich nur ein schwaches Licht, denn nur wenige Glühbirnen waren eingeschaltet, um der Party mehr Stimmung zu geben. Aber von dort aus spürte ich, wie sie mich beobachteten und miteinander über mich redeten. Im Bruchteil von Sekunden nahm ich ihre Gesten und

Zeichen wahr, die sie machten und die mir verdeutlichten, dass sie etwas gegen mich im Schilde führten und den Vorteil ausnutzen wollten, dass ich nun allein und ohne den Rückhalt meiner Freunde war. Im nächsten Moment bemerkte ich, wie sie mich anstarrten und dann gingen auch schon alle elektrischen Lichter aus. Da habe ich verstanden, dass sie mich in der Dunkelheit kriegen wollten, da ich mich – im Gegensatz zu ihnen – nicht im Haus auskannte.

Im Schutze dieser Dunkelheit versuchte ich mich an den Weg zum Ausgang zu erinnern. Es gelang mir die Küche zu verlassen, ohne an Möbel und Wände zu stoßen oder irgendwelche Geräusche zu machen. Meine Sinne wurden mir unerklärlicher Weise wie von einer höheren Kraft dirigiert, die mir den Weg zeigte, um diesen drei Individuen zu entkommen. Als ich in die Garage gelangt war, die sich auf der linken Seite des Wohnzimmers befand, wartete ich dort ab, was passieren würde. Es vergingen nicht mehr als fünf oder zehn Sekunden und sie schalteten das Licht wieder ein. Ich hörte, wie diejenigen, die auf der Party waren, fragten, warum die Lampen gelöscht waren, und als ich aus sicherer Entfernung in die Küche lugte, wo ich noch kurz zuvor gewesen war, konnte ich sehen, wie sich die drei Muchachos, die mich zuvor beobachtet hatten, dort eingefunden hatten und auf der Suche nach mir mit gezückten Messern um diesen Ort kreisten. Da sie mich nicht aufspüren konnten, erhoben sie ihre Blicke und begriffen, dass ich ihnen entkommen war. Ich sah, wie sich in ihren Augen die Überraschung spiegelte und noch steigerte, als sie mich auf der anderen Seite des Hauses erblickten, von wo sie gekommen waren. Sie konnten ebenso wie ich nicht verstehen, wie es mir gelungen war, ihnen durch die Finger zu schlüpfen, ohne dass sie mich im Dunkeln auf halbem Weg meiner Flucht erwischten.

Ich starrte sie nur an und ich nahm den Schock in ihrem Blick wahr, als ob ihnen Satan höchstpersönlich erschienen wäre oder als hätte mich ein Geist von einem Ort zum anderen getragen, während ich voller Ehrfurcht wegen des mir selbst unbegreiflichen Geschehens war. Weder sie noch ich konnten erklären, warum ihr Plan nicht funktioniert hatte. Und mehr noch: aus Furcht beschlossen sie, sich nicht mehr mit mir anzulegen. Sie hatten wirklich Angst vor mir und ich will nicht leugnen, dass ich tief in mir drinnen selbst

Furcht fühlte. Jedoch mehr wegen der Sensation, dass ich sie besiegt hatte, ohne zu kämpfen. Es erfüllte mich in meinem jugendlichen Machismo mit Stolz, dass ich derart viel Macht über sie hatte, wobei ich selbst nicht verstand, wie ich mich so schnell bewegt und einen Weg gefunden hatte, um ihnen derart leicht zu entkommen. Doch es war tatsächlich auf diese Weise geschehen und keine Illusion im Drogenrausch und es beruhigte mich deshalb, den Schock auf den Gesichtern meiner Häscher zu sehen, als sie begriffen, dass ich ihren Mordversuch, ob im Bund mit dem Teufel oder, wie ich heute glaube, unter dem Schutz eines Engels, vereitelt hatte.

In einer anderen Situation bin ich zu einer Diskothek am Rande der Stadt gegangen, im berühmten Viertel "Juanchito", einem Ort, wo es mehrere sehr bekannte Clubs in den 60er und 70er Jahren gegeben hatte und die im Stil ihrer Cocktail-Partys und des "Alten Salsa" weitermachten. Es war dort, wo die Größten und Berühmtesten Kolumbiens getanzt hatten bis der "Salsa romántica" oder der "Bett-Salsa" auf den Markt kam. Es war einer der Orte, an denen die Musiker der "Grupo Niche" ihren Weg zum Ruhm begannen, bevor sie nach New York zogen. Die "Narcos" bezahlten in den 80ern und 90ern sehr gut für solche Feste. Sie fanden es toll, die Macht und den großen Reichtum zu haben, um über bekannte Musiker und Orchester zu verfügen.

Ich persönlich bevorzugte Hard Rock und etwas andere, wildere Musik. Es war eine Zeit der Rebellion und der Exzesse. Allerdings gab es zusammen mit Studienfreunden beim gemeinsamen Aufenthalt einen Cross Over. Etwas von Supertramp, BlackSabath und ACDC, seltsam vermischt mit dem Salsa der Epoche. Es war der Anfang der 90er, und ich musste neben dem Studium in Teilzeit arbeiten, um mir die Universität und mein Leben zu finanzieren. Man zahlte mir 12.000 Pesos, die Hälfte des Mindestlohns für die Zeit, aber keine gesetzlichen Leistungen für die Sozialversicherung. So hatte ich keine Abdeckung durch eine Krankenversicherung und für die spätere Rente. Doch es war genug, um das Arbeitsmaterial und die Gebühr zu bezahlen, um an der Technischen Hochschule zu studieren. Diese war in Wahrheit allerdings eine Bruchbude, eine Garagen-Institution, die mir nichts geben sollte, was mir im Leben weiterhelfen konnte, außer dem Titel, der heute wirklich nicht mehr das Papier wert ist, auf dem er geschrieben steht. Ich arbeitete als Werbe-Designer und ging danach oft mit meinen Freunden auf Partys oder zum Tanzen. Obwohl es sich dabei um eine Gruppe von jungen, mehr "gesunden" Menschen handelte, floss der Schnaps, der Aguardiente, und man verlor Zeit und Geld bei dieser Freizeitgestaltung.

Dieses Mal gingen wir zum "Finish" zum Juanchito, das heißt, dass wir nach der "Tretmühle" in der Lern-Institution und der Arbeit ein Tänzchen machten, um danach weiter mit unseren Freundinnen, die uns begleiteten, zu trinken und zu tanzen. Es war ein großes Lokal mit drei Tanzflächen, vielen Tischen mit einzelnen Stühlen und anderen Ecken mit größeren Sofas für Pärchen und Gruppen. Die Musik war der traditionelle Salsa und während wir auf der unteren Tanzfläche etwas abgelegen von der Eingangstür waren, hörten wir, wie irgendwo einige Gläser fielen und zerbrachen. Wir tanzten weiter, bis Flaschen zu Boden krachten und wir bemerkten, dass die Leute zu schreien und zu rennen begannen, geradewegs dahin, wo wir uns befanden.

Einer aus unserer Gruppe, der dies sah, beschloss: "Vámonos! – Lasst uns gehen und versuchen, über einen der Flure zu entkommen, der sich auf der linken Seite der Diskothek befindet!" – Aber es war nicht möglich. Denn der Ansturm der Menschen, der auf uns zukam, war in unbändiger Flucht vor etwas, von dem wir in diesem Moment nicht wussten, was es war. Die Menschenmasse rannte wie verrückt und warf dabei Tische und Stühle um, um zu entkommen. Sobald wir die Panik erkannten, sprangen wir hinter ein Sofa, das gegen die Wand lehnte und schützten uns so vor den vorbeidrängenden schreienden Leuten.

Plötzlich entdeckten wir eine Gruppe von Jugendlichen, die den Korridor, dort wo wir waren, verließen. Und dann kamen andere von der Seite der Tanzfläche und ergriffen einen Mann. Sein sauberes und gestärkes weißes Hemd färbte sich innerhalb weniger Minuten rot von seinem Blut. Die Szene war erschreckend! Diese jungen Leute waren Mitglieder einer Drogenbande, die im Krieg mit einer anderen war. Von unserem Versteck aus sahen wir, wie sie über ihn herfielen und ihm zuerst die Stühle auf dem Kopf zerschlugen bis er zu Boden ging. Danach stießen sie wie wilde

Hyänen mit zerbrochenen Flaschen auf den Körper ihres Opfers ein. Die Enden der Glasscherben ragten aus dem Fleisch dieses jungen Mannes, der hilflos auf dem Boden liegen blieb und verblutete.

Es waren mindestens zwanzig Jugendliche, die ihn angegriffen hatten. Die Messerstecherei war nur ein oder zwei Meter von uns entfernt und dieser Mann, der während dieses kalten Aktes der Barbarei niedergemacht wurde, war tot oder lag vielleicht direkt vor uns im Sterben. Wir wussten nicht genau, was passiert war. Aber es war klar, dass es eine richtige Hatz war und nicht nur ein Streit wegen einer plötzlichen Unannehmlichkeit oder Meinungsverschiedenheit.

Meine Freunde und ich waren nun unfreiwillig Zeugen des Geschehens und mussten dem Ganzen schnell entkommen, bevor wir bemerkt wurden, denn wir hätten sie ja identifizieren können. Aber die Jugendbande bewachte die Durchgänge, damit alle Mörder fliehen konnten. Am Ende sahen wir, wie drei von ihnen die Türen blockierten, sodass niemand ihnen folgen konnte. Als wir endlich den Eingang erreichten, waren Gott sei Dank auch sie geflohen und wir öffneten die Türen und rannten fort von diesen Ort. Meine Freunde, denen die Flucht vor mir gelang, erwischten ein Taxi. Ich sah, wie sie ins Auto stiegen und der Taxifahrer schon aus Angst, dass die Bande uns noch erwischen würde, die Türen schloss und von innen verriegelte und anfuhr. Meine Freunde öffneten mir eine der hinteren Türen des Taxis und sie waren besorgt, weil unsere Freundin sich auf der Flucht verletzt hatte. Ich rannte hinter dem Taxi her, warf mich in der Kabine über ihre Beine und quetschte mich gewaltsam hinein, bis sie endlich die Tür des schon fahrenden Wagens schließen konnten. Es war wie im Film. Wir dirigierten das Taxi zur Klinik, wo wir warteten, bis unsere Freundin versorgt war. Zum Glück war es nur eine kleine Wunde an ihren Füßen, aber sie hatte wie wir eine Todesangst gehabt.

Kapitel fünf

Am falschen Ort zu sein, kann eine Voraussetzung sein, die einem Schutz bietet. Aber hier, im boomenden Aufschwung des Drogenhandels und einer Eskalation der Gewalt, die fortwährend andauerte, befand sich niemand in Sicherheit, selbst nicht auf der Arbeit. Auch wenn wir nicht daran dachten, dass in den Sektoren unserer Stadt, den Diskotheken, Imbissbuden, Boutiquen, Geschäften, Banken und Apotheken jemals eine echte Bombe explodieren könnte, so geschah es doch.

Einige waren getarnte Etablissements, wo Drogen verkauft wurden, andere waren jedoch nichts anderes als *Negocios* – Läden der Mitglieder des Cali-Kartells. Die Bombenanschläge waren Reaktionen von Pablo Escobar auf die geschehenen Angriffe gegen den "Schachspieler" und seinen Bruder der Gruppe von Medellín. Es war ein totaler Krieg zwischen den "Los Duros" – den Harten, weil Uneinigkeit mit "El Patrón" unausweichlich mit dem Tod beantwortet wurde. Jede Woche wurden enthauptete und zerstückelte Leichen auf den der Stadt nahegelegenen Fincas gefunden. Einige wurden in den Río Cauca geworfen, den Fluss, der durch unsere Stadt in die Täler mit den bepflanzten Feldern von Zuckerrohr fließt. Andere wurden ermordet und mit Sensen in Stücke gehackt, um sie leichter verschwinden zu lassen. Auch um die Furcht unter seinen Feinden zu steigern, gab es spezielle Arten des Todes, aber erst nach einer grausamen Folter. Selbst für kleine Lügen wurde man brutal abgeschlachtet. Für diejenigen, die noch am Leben waren, war es besser im Kreuzfeuer oder durch eine Bombe zu sterben, als in die Hände ihrer Verfolger zu fallen.

Es war eine Zeit, in der, wenn jemand von Medellín in Cali vermutet wurde, oder wenn sich umgekehrt jemand von Cali in Medellín aufhielt, dieser darauf achten musste, nicht überall in der Stadt herumzureisen. Das war besser, um Probleme mit den Banden und Gruppen der Stadt zu vermeiden, einfach, weil diese durch unsichtbare Grenzen aufgeteilt war und die Kartelle ihre Territorien außerhalb des Gesetzes schützten. Durch Mitglieder bei der Polizei, der Armee und der Streitkräfte hatten sie das Gesetz auf ihrer Seite. All diese Gewalt ging durch die Nachrichten, Tag für Tag, Monat für Monat, Jahr für Jahr: nur Mord und Totschlag.

Die Arroganz der Drogenbosse war unerbittlich. Sie suchten ihre eigenen Hände sauber zu halten durch ihre Leutnants, die sie engagierten, um dem Schrecken auf den Straßen freien Lauf zu lassen. Es gab präzise Schüsse, kalkuliert und auf den Millimeter genau berechnet wie bei militärischen Angriffen, wobei allerdings auf Zivilisten keine Rücksicht genommen wurde. Durch die Explosionen der Bomben starben Menschen, die nichts damit zu tun hatten. Andere wurden von den übelwollenden Geistern ihres Drogenwahns provoziert und deponierten die Explosivstoffe zu jeder Zeit des Tages an öffentlichen Plätzen, einzig mit dem Hintergedanken, zum Spaß ein bestimmtes Objekt zu zerstören. Die Stadt lag in einem Nebel aus Detonationsqualm und Staub, weshalb die Strahlen der untergehenden Sonne am Abend nur noch selten in ihren Farben von Sonnenblumen und Orangen zu den Bewohnern durchdrangen oder der Mond nachts aus einem klaren Himmel auf sie herunterschien.

Diese brutalen, durch den Drogenrausch abgestumpften Jungs konnten überall gefunden werden. Einmal war ich mit einem Kumpel vor dem Kiosk eines Hähnchengrills auf einer der Hauptstraßen unserer Stadt, während die Nacht hereinzubrechen begann. Wir unterhielten uns mit dem Manager des Lokals, als zwei Männer auf einem alten Motorrad ankamen, Typ 80er Jahre, wie jene der Bäcker es waren, die man so nannte, weil dies die häufigsten Motorräder waren, die von dieser Berufsgruppe für die Hauslieferungen benutzt wurden. Einer der Männer war jung, vielleicht einundzwanzig Jahre alt, und der andere von etwa fünfunddreißig Jahren, dick und schwer. Wir hatten ein paar Bier und wir setzten uns neben dem Imbiss-Lokal auf die Treppenstufen im Flur. Die beiden Männer schlossen nach ihrem Eintreten hinter sich die Tür, was mir schon überhaupt nicht gefiel und alle Warnsignale in mir anschlagen ließ. Der junge Mann begann das Gespräch "aufzuwärmen". Es war offenkundig, dass er unter Drogen gesetzt war. Sie waren mit einem kurzen 38er-Revolver bewaffnet und in seinem Rausch widmete er sie mir. Er stand vor mir mit weit aufgerissenen Augen, drohte mir mit einer Flasche Bier in der anderen Hand und zeigte sich plötzlich sehr verändert. Ich habe mit einem Seitenblick zu meinem Freund gesehen, der zu meiner Linken saß. Ich sah ihn ein wenig lächeln, als ob es ein Spiel von Macht und Stärke wäre, aber in seinen Augen bemerkte ich seine Sorge und Angst. Am Ende, nach etwas mehr als zwanzig Minuten der Belästigung und der Suche nach Streit, auf den ich mich nicht einließ, sagte der ältere Mann zu seinem Kumpel, er solle aufhören mich zu provozieren und mich in Ruhe lassen, weil ich damit nichts zu tun hätte und nicht deshalb da war, um Probleme zu suchen.

Innerlich war ich voller Angst, aber ich zeigte sie nicht. Angst zu zeigen, hätte mich zum Narren abgestempelt, der es nicht wert ist zu leben. Er starrte mich an – unendlich lange – und wartete nur darauf, einen Anlass zu bekommen, um auf mich zu schießen oder zu versuchen, die Flasche auf meinem Kopf zu zerbrechen.

Nachdem der Mann gesprochen hatte, verstand ich, dass es etwas mehr gab, als ich über diese Individuen zu wissen glaubte. Vor allem der Älteste passte nur zu gut in das Bild von einem Drücker oder einem Gruppenleiter. Beim Öffnen der Tür des Lokals war dann das erste, woran mein

Kumpel und ich dachten, dass wir diesen Ort schnellstens zu verlassen suchen. Wir verabschiedeten uns höflich von dem Geschäftsinhaber, der auch mit den beiden Männern befreundet war, bevor wir uns auf den Weg machen wollten. Er antwortete mir, dass er ebenso sehr erschrocken sei, als er sah, dass der junge Mann nicht aufhörte mit dem Revolver herumzufuchteln und man sah ihm seine Aufregung an. Er erklärte mir, dass der Mann aus Medellín sei und wegen der Konflikte zwischen den Kartellen war er nun zu denen von Cali gewechselt. Das Geschäft des Hähnchengrills war also nur eine Fassade.

Sich in Bars oder Nachtclubs zu amüsieren sorgte in dieser Zeit oft für ein anderes Problem. Zusätzlich zu den Bomben und den bewaffneten Konflikten, war es eine Bedrohung für einen Mann mit einer attraktiven Frau auszugehen. Denn wenn sie einer Gruppe von Berauschten gefiel, wurde sie unter ihnen verlost. Dann näherten sie sich dem Tisch, wo das Paar saß und sagten ihnen, dass sie sie zum Tanzen einladen oder ihnen einen Drink spendieren. Was immer sie wollten, nahmen sie dem befreundeten oder verlobten

Paar weg, und wenn sich der Mann wehrte und widersetzte, töteten sie ihn einfach und für die Frau nahm es in der Folge ein trauriges Ende.

Epilog

Jetzt ist es für mich keineswegs länger wichtig, immer wieder über die Vergangenheit zu reden, sondern nur das Leben zu ergreifen, wie die Natur dies tut. Die dunkle Stimmung dieser Seite meines Lebens erreicht nicht mehr so leicht meine Umgebung, denn ich habe mich vor vielen Jahren durch einen strikten Entzug und meinen festen Willen von Drogen-, Alkohol- und sogar Zigarettensucht befreit. Alles wirkte irgendwann auf mich wie eine umgekehrte Ordnung, eine verdrehte Welt, die mit vielversprechendem Flüstern das Gehör von denen füllt, die argwöhnisch vor dem Leben davonlaufen, ohne Trauer und Scham über den fremden von ihnen selbst verursachten Schmerz zu verspüren.

Ich führte einen Kampf in meinem Innern, nachdem ich den Herbst in meinen Gefühlen spürte, während ich gleichzeitig von der lasziven Lust überwältigt war. Der Tod erschien an meinem Horizont und die Angst vor ihm erlaubte mir nicht länger, die Begrenztheit meiner geistigen Gesundheit durch den Schmerz und den Rausch zu zerreißen. Heute rückblickend erkenne ich das Grau, das wie bei vielen Jugendlichen die Existenz markiert, während ich mir nur eine Chance wünschte, um den traurigen Zustand, in dem ich mich befand, verlassen zu können. Es ist, wie schwer verletzt auf eine Hand zu warten, die sich ausstreckt, um das Blut zu stillen. Aber ich musste selbst, aus eigenem Antrieb, nach den helfenden Händen greifen, ohne Angst vor der Entzugsklinik. Auf mich wartete die Welt, wo die Sonne leuchtet und jeden gleichermaßen bestrahlt, obwohl sie manchmal für einige Augenblicke von Wolken bedeckt im Halbdunkel einzuhalten scheint, um nur für wenige zu glänzen. Denn tatsächlich hat der Mensch Angst vor dem Leben und der Liebe.

Es ist nicht so einfach, dieser äußerlich schillernden Welt zu entkommen, die mit ihrem Reiz die irritierten Sinne verfinstert. Man fühlt sich auf seine Gebrechlichkeit reduziert und versucht ächzend, diesen Panzer zu zerbrechen, der in sich die Furcht vor einer fortwährenden Einsamkeit verbirgt. Doch ich wollte meine Sensibilität für wahres Glück im Leben

zurück und ließ mich nicht länger ein-
schüchtern.

Am Ende meiner Drogenlaufbahn fand ich
mich irgendwann in einer Jauchegrube
wieder, in der ich beschmiert mit Exkre-
menten und inmitten von Abfällen im
Rausch vor mich hinjammerte und weinte.
Als meine Wahrnehmung klarer wurde
und ich die Situation allmählich zu er-
fassen begann, in der ich mich befand,
bemerkte ich die mitleidigen Blicke der
zahlreichen Passanten, die hastig an mir
stinkendem Häufchen Elend vorüber-
eilten. In diesem Moment begriff ich, dass
es höchste Zeit war, mein Leben zu ändern
und aktiv in die Hand zu nehmen. In
meinem Kopf hämmerte die Frage, ob ich
leben oder sterben wolle und ich nahm alle
Kraft zusammen und zog mich selbst im
wahrsten Sinne des Wortes aus dem
Dreck. Dabei kann einem niemand helfen.
Es hilft nur, wirklich diesen Neuanfang
ohne Drogen selbst und ohne Zaudern zu
wollen. Erst wenn man für sich selbst die
Verantwortung übernimmt, ist man erwachsen. Denn wir sind, jeder für sich, für
uns selbst verantwortlich – ganz gleich,
was unsere Geschichte und Herkunft
sind!

Die Tage von gestern sind vielen meiner Kameraden mit Wehmut in Erinnerung. Für mich sind sie einfach nur Vergangenheit, an die ich mich nicht mehr erinnern möchte; das Produkt des Wahnsinns, der in mein Inneres rieselte, als wäre er eine Quelle der Freude, die ich aber abschütteln musste, weil sie mich nicht erfüllen konnte und nur Illusion war. Da rief meine innere Stimme mir zu: Hab den Mut, richte den Blick auf die Sterne und erhebe dich aus eigener Kraft! Ich bin aufgrund meiner Erfahrung sicher, dass wir nicht allein und beschützt von einer höheren liebenden Macht sind, die wir jederzeit um Hilfe bitten können. Es gibt jeden Tag die Chance zum Neuanfang. Das ist keine Floskel!

Es gibt Vieles, das ich noch erzählen könnte, um mehr über die scheinbar glänzende sowie die in Wahrheit einzig existierende dunkle Seite der Drogen aufzuzeigen. Das meiste ist für mich mit sehr starken Gefühlen verbunden, die ich nicht mehr wecken möchte. Ganz ohne körperlichen und psychischen Schaden kam auch ich nicht davon. Mein Kurzzeitgedächtnis hat jedenfalls sehr gelitten. Von bleibenden Wahnvorstellungen und

Schizophrenie blieb ich gottlob verschont. Für mich ging das Leben einen neuen Weg ohne diese abhängig machenden Stoffe, auf dem ich entdeckte, wie eine unscheinbare Raupe für lange Zeit in ihrem Kokon Zuflucht vor allen natürlichen Gefahren und Risiken, mit denen sie jeden Tag konfrontiert wird, suchen und den Zeitpunkt abwarten kann, ab dem es ihr möglich ist, ihre Sicherheit zu durchbrechen und wieder nach draußen gehen. Dann wird sie ihre Flügel ausbreiten und mit großer Subtilität und Eleganz den Flug eines Falters zu beginnen.

Anmerkung der Autorin:

Seit seinem 25. Lebensjahr ist Ricardo Rojas Correa heute gänzlich frei von Süchten. Er gründete nach seinem Entzug in Kolumbien eine Familie sowie eine Firma für Unternehmensberatung und lebt seit seiner Scheidung als alleinerziehender Vater zusammen mit seiner Tochter.

Die hier aufgeschriebene Erzählung wurde nach seinen Worten von Spanisch in Deutsch übertragen und von der Autorin weder dramatisiert noch beschönigend ausgeschmückt.

(Foto privat)